POESÍAS

INÉDITAS

MARTIN
OROZCO CANTORAN

Trafford
PUBLISHING®   www.trafford.com

North America & international
toll-free: 1 888 232 4444 (USA & Canada)
phone: 250 383 6864 ♦ fax: 250 383 6804 ♦ email: info@trafford.com

The United Kingdom & Europe
phone: +44 (0)1865 487 395 ♦ local rate: 0845 230 9601
facsimile: +44 (0)1865 481 507 ♦ email: info.uk@trafford.com

PRESENTACIÓN

AUTOR:
MARTIN OROZCO CANTORAN

CORREO ELECTRÓNICO:
MARORO2000@HOTMAIL.COM

NACIONALIDAD:
MEXICANA

FECHA Y LUGAR DE NACIMIENTO:
24 DE OCTUBRE DE 1965
RANCHO TEPOXMATLA
CHIAUTLA DE TAPIA, PUE.

TÍTULO DE LA OBRA:
"POESÍAS INÉDITAS"

RAMA A LA QUE PERTENECE LA OBRA:
LITERARIA

SÍNTESIS DE LA OBRA:
POESÍAS DIVERSAS

OBRA PRIMIGENIA

SE HA DADO A CONOCER LA OBRA PARCIALMENTE
EN DIFERENTES FECHAS.

TRADUCIDO AL INGLÉS POR
MARY ANN KRESSIN

PRESENTATION

AUTHOR:
MARTIN OROZCO CANTORAN

EMAIL:
MARORO2000@HOTMAIL.COM

NATIONALITY:
MEXICAN

DATE AND PLACE OF BIRTH:
OCTOBER 24, 1965
TEPOXMATLA RANCH
CHIAUTLA DE TAPIA, PUEBLA, MEXICO

TITLE OF THE BOOK:
"UNPUBLISHED POEMS"

BRANCH TO WHICH THIS WORK BELONGS:
LITERARY

SYNTHESIS OF THE WORK:
DIVERSE POEMS

AN ORIGINAL WORK

THESE POEMS HAVE BEEN WRITTEN AT DIFFERENT
TIMES THROUGHOUT THE AUTHOR'S LIFE.

TRANSLATED INTO ENGLISH BY:
MARY ANN KRESSIN

INDICE / INDEX

RESEÑA DEL AUTOR

Mí nombre es Martín Orozco Cantoran. Nací el 24 de octubre de 1965. Mis padres son Guadalupe Orozco e Isabel Cantoran (finada).
Lugar de nacimiento: Rancho El Sauce, Chiautla de Tapia, Puebla.

Cuando nací, murió mi madre, y mi padre se quedó con nueve hijos, por lo que mis abuelos paternos, Silviano y Sara, junto con su única hija, que fue soltera, de nombre Catalina, se encargaron de mí. A mi tía, la reconocía como madre (Mamá Cata).
Mi Mamá Cata murió cuando yo tenía siete años de edad. Le dedico la poesía "Mamá Cata (Post Mortem)."
Yo fui campesino y ranchero. Desde los siete años, comencé a trabajar acarreando agua, cuidando el ganado y sembrando la tierra.

Fui a un rancho vecino a estudiar la primaria, y después emigré a otro pueblo para estudiar la secundaria.
Cuando salí de la secundaria, murió mi abuelo y me quedaba sólo; mi abuela Sara había muerto cuando yo tenía seis años.

Por segunda ocasión, emigré a otro pueblo, teniendo el apoyo de una de mis hermanas para estudiar el bachillerato. Al finalizar mis estudios, viajé a la ciudad de Puebla para entrar a la universidad. No terminé la carrera de Lic. en Psicología debido a varios factores: económicos y psico-sociales.

Después de trabajar en fábricas y tiendas comerciales y estudiar fotografía, decidí emigrar, como muchos compatriotas, a los Estados Unidos de América.

Después de doce años, decidí recopilar mis poesías y publicarlas.

ABOUT THE AUTHOR

My name is Martin Orozco Cantoran. I was born on October 24, 1965. My parents are Guadalupe Orozco and Isabel Cantoran (deceased).
My birthplace is Rancho el Sauce, Chiautla de Tapia (town), Puebla (state), Mexico.

When I was born, my mother died. That left my father alone with nine children, so my paternal grandparents, Silviano and Sara, together with their only daughter, who was an old maid, named Catalina, took me in. My Aunt Catalina was like my mother, therefore the name 'Mamá Cata.'
My Mamá Cata (Mother Kate) died when I was seven years old. I dedicate the poem "Mamá Cata (Post Mortem)" to her.
I was a country boy and a rancher. At seven years old, I began to work carrying water, caring for the animals and sowing the fields.

I went to a neighboring ranch to study the primary grades. Then I moved to another town to study the secondary grades.
When I finished the secondary grades, my grandfather died and I was left alone; my grandmother Sara had died when I was six years old.

For a second time I moved to another town, and with the help of one of my sisters I studied High School. At the end of my High School studies, I travelled to the city of Puebla to study in the university. I did not finish the career I began in psychology due to various reasons: economic and psycho-social.

After working in factories and stores, and studying photography, I decided, like many other fellow Mexicans, to emigrate to the United States of America.

After twelve years, I decided to compile my poems and publish them.

RANCHO EL SAUCE

Rancho El Sauce es un rancho que se encuentra al sur de la Mixteca Poblana. Es tan pequeño que no hay registro en mapa alguno. Actualmente sólo hay dos casas habitadas.

Su mejor época fue de 1941 a 1971. En 1965, mis abuelos eran los más viejos del rancho – Silviano y Sara. Mi abuelo era muy pobre, pero muy trabajador. Trabajó en comercio con caravanas de bestias cargadas de mercancía, y llegó a tener su propio rancho, al que llamaron El Sauce.

Con las ganancias de sus ventas, compró tierra y ganado. Por supuesto que el rancho carecía de servicios públicos – las casas estaban hechas de adobe y teja, el agua se acarreaba desde un pozo.

El ganado pastoreaba en potreros y sólo se necesitaba campearlos y reparar las cercas de alambre de puaz. El movimiento del rancho comenzaba clareando el día. Las mujeres molían el nixtamal a metate y tlepil. Luego cuando estaba lista la masa, se ponían a hacer las tortillas a mano. Se cocían en el tlecuil con leña.

Por su parte, los hombres, desde muy pequeños, tenían que trabajar. Desde temprano se arreaban las vacas al corral para la ordeña. Terminando la ordeña como a las nueve o diez de la mañana, se acarreaba agua y se almorzaba. El almuerzo consistía en salsa hecha en molcajete acompañada de queso, jocoque (crema) y frijoles; también se tomaba leche, chocolate o té. Las mujeres preparaban los tacos a los hombres que pastoreaban los becerros o para los que campeaban a otros potreros más lejos.

Por las tardes, se encerraban los becerros en el corral, se les daba de comer a los puercos, se iban también a tomar agua al estanque las bestias de carga, y se les daba pastura.

Cómo no había luz eléctrica, cenaban y se dormían temprano. La música y canciones se escuchaban en la vitrola. Después llegó la radio y el tocadiscos. Al paso de los años, la gente emigró buscando estudio y trabajo. Ahora el rancho está a punto de desaparecer.

THE "EL SAUCE" RANCH

The El Sauce Ranch is a ranch that is found to the south of the Mixteca Poblana. It is so small that it does not appear on any map. Today there are only two houses that are still lived in.

The best years of the ranch were from 1941 to 1971. In 1965, my grandparents were the oldest people on the ranch – Silviano and Sara. My grandfather was very poor, but a very hard worker. He worked in business with caravans of cargo animals laden with merchandise, and was able to have his own ranch, which they called "El Sauce."

With his earnings from the sales of the merchandise, he bought land and animals. Of course the ranch did not have public utilities. The houses were made of adobe and tile. The water was carried from a well.

The animals grazed in pastures, and it was only necessary to let them graze and fix the barbed wire fence. The movement on the ranch began as daylight broke. The women ground the tortilla dough with a grinding stone. When the tortilla dough was ready, they made the tortillas by hand. They cooked in a wood stove.

Starting at a very young age, the men had to start working and do their part. Early in the morning, they rounded up the cows and brought them to the corral for milking. When they finished with the milking, around 9 or 10 AM, they carried water and then ate lunch (dinner, the noon meal, on the farm.) The lunch consisted of salsa made with mortar and pestle, accompanied by cheese, cream, and bean. There was milk, chocolate or tea to drink. The women prepared the tacos for the men that shepherded the calves in the pasture, or for those that shepherded animals grazing in distant pastures.

In the afternoon, they brought the calves into the corral and fed the pigs. The cargo animals drank from the water tank, and then went out to pasture.

Since there were no electric lights, we ate supper and went to bed early. Music and songs were heard on the Victrola. Later the radio arrived, and then the record player. As the years passed, people moved away, in search of education and work. Today the ranch is almost to the point of disappearing.

AGRADECIMIENTOS

Mis agradecimientos de corazón, palabra y pensamiento a todas las personas que creyeron en mí.

A mis hijos, a mis hermanos y hermanas, a mis sobrinos, y a Rossy que siempre me está apoyando.

También dedico este espacio para agradecer a mis adoradas musas que me inspiraron y estuvieron siempre a mi lado. A Liliana, Lety, Liz, Claudia, Lupita, Anita, Youselin, Yuridia, Thais, Rocio, Lorena, Ruby, Tanya, Flor y Rossy.

A mis padres y abuelos que en sus genes me heredaron la pasión por el verso.

DEDICATION

I would like to express my heartfelt thanks, in both word and thought, to all the people who have believed in me.

To my children, to my brothers and sisters, to my nieces and nephews, and to Rossy, who is always by my side.

I also dedicate this space to thank my adorable muses that inspired me and were always at my side. To Liliana, Lety, Liz, Claudia, Lupita, Anita, Youselin, Yuridia, Thais, Rocio, Lorena, Ruby, Tanya, Flor and Rossy.

To my parents and grandparents who, in their genes, passed on their love of verse to me.

RECONOCIMIENTOS

Este libro está dedicado a mis asistentes y asesores:

Mary Ann Kressin,

Gracias por sus consejos, aptitud, lealtad y amistad,

y

Nancy P. Marín,

Asesor de Editorial, Trafford Publishing.

ACKNOWLEDGEMENTS

This book is dedicated to my assistants and advisers:

Mary Ann Kressin

Thank you for all your advice, aptitude, loyalty and friendship,

and

Nancy P. Marín

Editorial Advisor, Trafford Publishing

INTRODUCCIÓN

A mis lectoras y lectores,

Amigas y amigos, estas poesías las escribí en diferentes momentos o etapas de mi vida.

Algunos momentos dulces, otros amargos, felices e infelices, gratos e ingratos.

Pero también quiero decirles que estas poesías son mis vivencias escritas con palabras sencillas que salen del corazón. Porque estas poesías están escritas más que con la mente, con el corazón; son vivencias personales, experimentadas en carne viva. Nada es inventado o ficción, es lo que yo siento o sentí en ese momento.

Espero infinitamente se identifiquen con ellas; lo cuál estoy más que seguro.

LOS INVITO A DISFRUTAR DE LA LECTURA.

Martin Orozco C.

INTRODUCTION

To my readers,

Friends, I wrote the poems in different moments or even periods of my life.

Some were in sweet moments, others bitter, happy or unhappy, thankful or unthankful.

But also I would like to tell you that these poems are my experiences written with simple words that come from the heart. These poems were written more than with the mind, rather, with the heart; they are personal experiences, experiments in live flesh. Nothing is made up or fiction, it is that which I feel or felt in that moment.

I sincerely hope that you will identify with the poems; of that I am most sure.

I INVITE YOU TO ENJOY THE READING.

Martin Orozco C.

LOS DOS IDIOMAS

Este libro habla del amor, desamor, de la vida social y política en forma poética para hacer la lectura más amena. El idioma original es el español. Decidí publicarlo en inglés debido a la fusión existente entre las dos culturas en mi vida.

A mis lectores de habla inglesa: quiero decirles que quizás al traducir estas poesías pierdan la rima del español, puesto que existen "modismos" en el lenguaje. Pero comprenderán lo que quiero decir.

"LA POESÍA ES PARA LA MENTE
COMO EL ALIMENTO ES PARA EL CUERPO"

El Autor

TWO LANGUAGES

This book talks of love, indifference, the social and political life in a poetic form to make the reading more enjoyable. The original language is Spanish. I decided to publish it in English due to the blending of the two cultures in my life.

To my English readers: I want to tell you that upon translating these poems, it is possible that the rhyming of the Spanish has been lost, because "idioms" exist in languages. But you will be able to understand what I am trying to convey.

"POETRY IS TO THE MIND
AS FOOD IS TO THE BODY"

The Author

LA VIDA ES UNA EPOPEYA

La vida es una epopeya
Semejante a una manzana,
La primera vez que la miras
Tú la encuentras muy lozana.

Mírala detenidamente
Y le encontrarás el gusano,
¿La vida es una epopeya?
Yo no sé, ¡yo no soy un escribano!

Esto que ahora escribo
Con la mente y con la mano,
Es sólo por un trabajito
Para el cual yo soy enano.

Les pido mil disculpas
A la maestra y oidores,
Pues tengo torpe la mano
Y no quiero tener honores.

Esta poesía es de métrica libre
Los versos se van combinando,
Marcando siempre su timbre
Y el ritmo lo viene dando.

LIFE IS AN EPIC

Life is an epic
Similar to an apple,
The first time you see it
You find it very healthy.

But look at it a while it's
And you will find the worm,
Is life an epic?
I don't know; I'm not a scribe!

This which I am writing now
With the mind and with the hand,
Is only a very small work
For which I'm a dwarf!

I beg the pardon
Of the teacher and readers,
Since my hand is clumsy
And I don't want to receive honors.

This poem has free meter
The verses go combining themselves,
Marking always their time
And the rhythm that it gives.

POLITIPILLOS

Yo no soy ningún científico
Ni tampoco gran poeta,
Esto que certifico
Es una forma de protesta.

Ahora me pongo a cantar
Con permiso de la gente,
¡Ya no queremos priístas
En cargo de presidente!

Pues el hombre ya no calza
Y lo digo con razón,
Muy vacía tiene la panza
Y tampoco usa calzón!

A cada fin de sexenio
Algo nos quieren dejar,
En este fin de milenio
Nos quieren concesionar.

Porque pronto amigo mío
Nos van a querer cobrar
Por el aire que respiras
Y hasta por la luz solar!

Y dígame Señor Presidente:

¿Por qué tanta prisa
En querer privatizar?
Déjenle eso al que entre
Pa' poderle reclamar.

Porque ustedes pican y huyen
Y no quieren regresar,
Pues tiene su cola larga
Y se las pueden pisar.

POLITICKING

I am no scientist
Nor a great poet,
But this I do certify -
This is a form of protest.

Now I will stand on my soapbox
With the permission of the people,
We don't want more PRI-istas
In charge of the president!

Since people no longer wear shoes
And I say it because I know,
Their stomachs are very empty
Nor do they use shorts!

At the end of each six-year term
They want to leave us with something,
At the end of this millenium
They want to concede us.

Because soon my friend
They're going to charge us
For the air you breathe
And even the sunlight itself!

And tell me Mr. President:

Why is there such a rush
To want to privatize?
Leave it for those coming
To be able to retrieve it.

Because you bite and flee
And don't want to return,
Because you have a long tail
That others might step on.

LA CALAVERA Y EL PRI

La muerte se carcajeaba
Pues ni ella lo creía,
A una Nación entera
En sus garras la tenía.

Gracias a sus gobernantes
La calaca relamía,
Un festín se aproximaba,
Y nadie la detendría.

Con broche de oro cerraba
Un sexenio Zedillista,
La muerte se confesaba
Ser arraigada priísta.

Siempre quieren un buen "hueso"
Estas calacas bribonas,
Hay que darles un buen "susto"
Pa' quitarles lo cabronas!

THE SKULL AND THE P R I*

The dead made fun of you
Even they didn't believe it,
That an entire nation
In its grips you had.

Thanks to their governors
The skulls savored the thought,
A feast was on the way
And no one would stop them.

With pins of gold closed
The six-year reign of Zedilla,
The dead confessed
To being aligned with the PRI.

They always want a good "bone"
These bribing skulls,
You just have to give them a good "scare"
So they stop the bullcrap!

*PRI – Partido Revolucionario Institucional, a political party in
Mexico,the Institutional Revolutionary Party

CLAUDIA LA REINA DEL MAR

La luna era hermosa
Se reflejaba en el mar,
Tu silueta era de Diosa
Como para hacerte un altar.

Claudia, Claudia, Claudia...

¡Nunca te podré olvidar!
Linda más que Afrodita!,
Tú eres mi Diosa bendita
Tú eres la reina del mar.

Caminando por la playa
Al lado del palmar....
¿Recuerdas aquella noche?
¡Yo no la puedo olvidar!

El amor tocó a mi puerta
Me volví a enamorar,
Claudia, Claudia, Claudia...
¡Nunca te podré olvidar!

CLAUDIA QUEEN OF THE SEA

The moon was beautiful
As it reflected on the water,
Your silhouette was godlike
So as to make an altar.

Claudia, Claudia, Claudia...

I will never forget you!
More beautiful than Aphrodite!
You have been a blessing in my life,
You are the queen of the sea.

Walking along the beach
Alongside the palm grove...
¿Do you remember that night?
I will never forget it!

Love stopped at my door
And I fell in love again,
Claudia, Claudia, Claudia...
I will never forget you!

TESORO

Quisiera entregarte flores
Y piedras de mil colores,
Ahora que te vengo a ver.
Pero se marchitarán las flores
Las piedras no tendrán valores
Cuando tú las quieras ver.

Pues tú eres mi mayor tesoro
Tu cuerpo para mí es de oro,
Tus ojos son dos diamantes
Tus labios pétalos palpitantes,
Tienes aquí a tu amante
Con ansia apasionante;
Pues quiero volverte a ver.

TREASURE

I would love to give you flowers
And stones of many colors,
Now that I am coming to see you.
But the flowers will wither
And the stone will have no value
When you want to see them.

For you are my fondest treasure
Your body for me is of gold,
Your eyes are two diamonds
Your lips lively petals,
You have here your lover
With passionate yearning;
I want to see you again.

LUPITA I

Lupita de mis amores
Yo te quiero con pasión,
Pero tengo sinsabores
Por tu poca comprensión.

Más yo no entiendo razones
Dime tú:

¿Se manda en el corazón?
¡Yo te esperaré mil años!
¡Qué mil años!, ¡un millón!

Por las noches te sueño
Y te canto una canción
Lupita de mis amores
¡Me robaste el corazón!

LUPITA I

Lupita of my loves
I love you with passion,
But I have a bad taste in my mouth
For your lack of understanding.

More so I don't understand the reasons
Tell me:

What is happening in your heart?
I will wait a thousand years!
Not a thousand, a million!

I dream about you at night
And I sing you a song
Lupita of my loves
You stole my heart!

¡PORQUE TE QUIERO!

Cuando te miré
Otra vez de ti me enamoré
Porque tienes un áurea
Cómo de ángel.

Porque eres mi ilusión
Que despierta mi pasión
Y amortigua mis penas.
Porque eres hermosa y buena

Porque tienes un gran corazón,
Porque te quiero con gran pasión
Aunque tú no me quieras.
¡Porque te quiero!

BECAUSE I LOVE YOU!

When I saw you
I fell in love again
Because you have the aura
Of an angel

Because you are my illusion
That awakens my passion
And softens my sorrows.
Because you are beautiful and kind

Because you have a big heart,
Because I love you with great passion
Even though you'll never love me.
Because I love you!

LUPITA II – DOCE DE DICIEMBRE

En este día especial
Que muchos festejamos,
Pues somos muy Mexicanos
La mayoría sin igual.

Quiero afirmarte Lupita
Este doce de diciembre,
Que tú eres la más bonita
Y te amaré por siempre.

Tienes un alma muy bella
No me puedo equivocar
Eres como una estrella
¡Que yo quisiera alcanzar!

Te deseo mucha dicha
Mucha más felicidad,
Que tengas buena salud
¡Y mucha prosperidad!

LUPITA II – TWELFTH OF DECEMBER

On this special day
That many of us celebrate,
We are very Mexican
There are so many of us.

I want to assure you Lupita
This twelfth of December,
That you are the most beautiful
And I will love you forever.

You have a beautiful soul
Of that I cannot mistake
You are like a star
That I would like to reach!

I wish you much joy
Much more happiness
May you have good health
And much prosperity!

SÓLO UN BESO

Lupita no te he olvidado
Sólo quiero tenerte
Un momento a mi lado.

Acariciar tu lindo cuerpo
Tu hermosa cara mirarte,
Y en tus labios yo besarte
Con pasión y con denuedo.

Sólo un beso te pido
Y el sabor de tu miel,
Pues yo siempre he sido fiel;
Pero tú me enloqueciste,
Yo no sé que tú me hiciste,
Pero pienso mucho en ti...

Sólo un beso te pido,
Para recordarte en el ocaso;
Por favor haz de esto caso.

Pues mi mal no tiene cura,
Porque aun llamando al cura,
Todo será un fracaso.

Sólo un beso
Y el sabor de tu miel...

JUST ONE KISS

Lupita I have not forgotten you
I only want to have you
For a moment by my side.

To caress your beautiful body
Your pretty face to look at,
And on your lips I will kiss you
With passion and courage.

Just one kiss I beg you
And the savor of your honey,
For I have always been faithful;
But you made me crazy,
I don't know what you did to me,
But I think of you often...

Just one kiss I beg you,
To remember you in my dying days;
Please to this take heed.

Since my pain is incurable,
Because even with calling the priest,
Everything would be a mess.

Just one kiss
And the savor of your honey...

ANITA I

Y dime: ¿Qué piensas?
Cuando me miras...
¿Me estás mirando?
¿Qué es lo que estás pensando?
¿Piensas lo que yo quiero?
¡Porque por ti yo muero!
Porque te veo aun sin verte,
Porque estás en mi corazón
Estás en mi mente.

Muero por ti si no te veo
¡Y te veo!
Y no estás presente.
Y dime:
¿Que piensas?
Cuando acomodas tu cabello
¡Con ese ademán que me enloquece!

ANITA I

And tell me, what are you thinking?
When you look at me...
Are you looking at me?
What is it that you are thinking?
Are you thinking that I love you?
Because for you I die!
Because I see you even without seeing you,
Because you are in my heart
You are in my mind.

I die for you if I don't see you
And I see you!
And you're not present.
And tell me:
What are you thinking?
The way you run your fingers through your hair
Drives me crazy!

ANITA II

Anita musa adorada
Que despiertas mi pasión,
Hermosa princesa amada
Te entrego mi corazón.

Dadme alegrías o tristezas
Consuelo o desolación...
¡Yo no entrego riquezas
Más mi pobre corazón!

ANITA II

Anita, adored muse
How you wake up my passion,
Beautiful loved princess
I give you my heart.

Give me happiness or sadness
Comfort or desolation...
I give no riches
Other than my poor heart!

MARY

¿Qué me diste sureña mía?
Que pienso en ti a cada instante;
¡Día y noche! ¡Noche y día!
Mi corazón palpitante.
Tú cuerpo como de Diosa
Tus labios como una rosa
Me tienen embelesado
Pues aunque no te he besado
¡Oh! Mujer fogosa,
Quiero besar esa boca
¡Como la abeja a la rosa!

MARY

What did you give me southern belle?
That I think of you every instant;
Day and night!, night and day!
My heart is throbbing.
Your body is like a goddess
Your lips are like a rose
They have me entranced
Even though I haven't kissed you
Oh! Passionate woman
I want to kiss that mouth
Like a bee on a rose!

YOUSELIN I

Sentí gran emoción
Estalló mi corazón
Cuando pasaste a mi lado
Pues aún sin conocerte
De ti quedé enamorado.

¿De que Galaxia llegaste?
Que todo iluminaste
¡En este mundo nublado!

YOUSELIN I

I felt a well of emotion
My heart stopped
When you passed by my side,
Even though I don't know you
I fell in love with you.

From what Galaxy did you arrive?
That you illuminated everything
In this cloudy world!

YOUSELIN II

Tú despertaste en mí
Una pasión dormida,
Nunca pensé enamorarme
Otra vez en esta vida.

Me siento como adolescente
¿Pues acaso estoy demente?
¿Pues acaso estoy soñando?
¡Pero loco estoy por ti!

Mi corazón se contrae,
Mi respiración se corta,
Cuando yo te estoy mirando
Nadie existe más que tú.

Voy a perder la razón,
Si no me das ocasión;
De abrazarte, de besarte,
Te quiero con gran pasión!
Y quiero enamorarte!

YOUSELIN II

You awoke in me
A sleeping passion,
Never did I expect to fall in love
Another time in this life.

I feel like an adolescent
Is it possible I am demented?
Is it possible I am dreaming?
But crazy I am for you!

My heart contracts,
My breathing stops,
When I watch you
No one else exists.

I will lose my senses,
If you don't give me the chance;
To hold you, to kiss you,
I love you with great passion!
And I want you to fall in love!

POESÍA

Brota ¡Cómo el agua!
¡Cómo la rosa!
¡Cómo despliega sus alas
La mariposa!

¡Cómo la nube que pasa!
¡Cómo la brisa!
¡Cómo el sol que abraza!
¡Cómo el huracán que arrasa!

¡Cómo la vida!
¡Cómo la muerte!
¡Cómo la materia vibrante!
¡Cómo la materia inerte!

POETRY

Sprout, like the water!
Like the rose!
Like the butterfly unfolds
Its wings!

Like a cloud that passes!
Like the breeze!
Like the sun that caresses!
Like a hurricane that destroys!

Like life!
Like death!
Like vibrant material!
Like inert material!

POEMA

Quiero escribir un poema
Que hable de cosas bellas,
De luna, mar, y de estrellas,
¡Y de mujeres hermosas!
De bosques, jardín y rosas.

Y de todos los colores,
De mariposas y flores;
¡Que intensas son las mujeres
Cuando nos dan sus amores!

POEM

I want to write a poem
That talks of beautiful things,
Of the moon, sea, and of stars,
And of beautiful women!
Of forests, gardens and roses.

And of all the colors,
Of butterflies and flowers;
How intense are the women
When they give us their love!

RECUERDOS

Estoy viviendo
Solo de recuerdos
Aquí encerrado
Estoy envejeciendo.

Recuerdo: brujas, duendes, hadas...
¡A todas mis musas
Que son añoradas!

Recuerdo malos y buenos momentos
Me la paso triste.
Y también sonriendo

¿Acaso estoy loco?
¡Es que estoy muriendo!

MEMORIES

I am living
Only on memories
Here enclosed
I am aging.

I remember: witches, goblins, fairies…
All my muses
That are missed!

I remember bad and good moments
I spend my days sad.
And also laughing

Is it possible I'm crazy?
It's that I'm dying!

CONOCÍ UNA FLOR

Conocí una rosa
Conocí una flor,
Un rostro de princesa
Un cuerpo encantador.

¡Oh! Princesa
¡Loco estoy!
Ayer te vi...
Yo viejo,
Tú, joven para mí.

I KNEW A FLOWER

I knew a rose,
I knew a flower,
The face of a princess
A charming body.

Oh! Princess
Crazy I am!
Yesterday I saw you...
I, old,
You, young for me.

A QUIEN CORRESPONDA

¡Maldigo el destino!
Porque te conocí,
Pues con horrendo tino
Entraste en mi vida.

¡Me diste veneno!
¡Abriste una herida!
Ser maquiavélico,
Infernal, enfermo...
¡Piel de oveja!
¡Corazón de hiena!
Envenenaste mi alma
Serpiente rastrera.
¿Ahora estás contenta?
¡O hasta que muera!

TO WHOM IT MAY CONCERN

I curse destiny!
Because I met you
For with appalling skill
You entered into my life.

You poisoned me!
You opened a wound!
To be Machiavellian,
Abominable, sick...
Skin of a sheep!
Heart of a hyena!
You poisoned my soul
Serpent despicable.
Now are you happy?
Or not until you die!

LA CALACA

Tiene un año que murió
Yo lo veía venir
Pero no se arrepintió
¡Ahora tiene que sufrir!

¡Adiós calaca bribona!
Que nunca te arrepentiste
Ahora andas de llorona
¡Ahora que me perdiste!

Su alma anda penando
Arrastrando sus cadenas
A los vivos espantando
Y llorando por sus penas.

Adiós calaca rumbera
No te acerques por aquí
Espera que yo me muera
Si quieres llevarme a mí.

THE SKELETON

It's been a year since you died
I saw it coming
But you didn't repent
Now you have to suffer!

Good-bye skeleton, scoundrel!
You that never changed your mind
Now you're whining
Now that you lost me!

Your soul is grieving
Pulling the chains
Of the living scared
And crying over your troubles.

Good-bye skeleton, party animal
Don't come by here
Wait till I die
If you want to take me with you.

AMOR – ANITA

Anita, mujer querida,
Morenita consentida de
Oro y diamante revestida,
Rosa del jardín de las princesas

Reina de todas las bellezas,
Ondulante caminar cuando caminas
Mujer hermosa, morenita mía
AMOR, eso eres mujer querida.

LOVE – ANITA

Anita, dear woman,
Dark lady, spoiled with
Gold and dressed with diamonds,
Rose of the garden of princesses.

Queen of all things beautiful,
Swinging your hips as you walk
Beautiful woman, my dark lady,
LOVE, is what you are dear woman.

MATERIA
CUANDO MUERE EL SER

Desde que nacemos
Comenzamos a morir
Todos lo sabemos...

¡Tenemos que sufrir!
Todos moriremos
Dejaremos de existir
Y, después...

¿Qué seremos?
¡Proteina A.D.N. ELIXIR!
MATERIA transformada
¡ENERGIA para vivir!
Entonces: ¿No moriremos?
¿Solo dejamos de existir?

MATTER
WHEN A PERSON DIES

From the time we are born
We begin to die
We all know it...

We have to suffer!
We all will die
We will cease to exist
And, then...

What will we be?
DNA protein ELIXIR!
MATTER converted
ENERGY to live!
Then: Will we not die?
Do we only cease to exist?

EL PORVENIR

Pensando en el porvenir
Y con muchos sacrificios
Llegamos a este país
A aprender nuevos oficios.

No se trata de escoger
O de haber con cuál me quedo
¡Aquí tienes que aprender!
No es como el anillo al dedo.

A trabajar llegamos
No lo podemos negar
Ahora tenemos amos
Que nos hacen rebuznar.

Nada de que esté pelada
Pa' poderla saborear
Aquí no son enchiladas
¡Pues te tienes que fregar!

THE FUTURE

Thinking of the future
And with a lot of sacrifice
We arrived in this country
To learn new jobs,

It's not about choosing
Or having some from which to select
Here you have to learn!
It's not like a ring on a finger.

To work we arrived
We cannot deny
Now we have bosses
Who make us complain.

There's no such thing as a free lunch
To be able to savor it
Here it's not enchiladas
You have to work hard!

APA' TORO

Estas hazañas pasan
A los que son ganaderos,
A Musio lo corneó un toro
En el Rancho los Ciruelos,
Quedando despavoridos,
Sus humildes compañeros.

¡Luego se para Don Musio!
Con la reata ya en las manos:
¡Apa' toro de los bosques!
¡Aquí mero te los cortamos!

"WOW!" BULL

These things happen
To the livestock farmers,
A bull gored Musio
At The Cherry Tree Ranch,
Terrified were
His humble companions.

Soon Sir Musio stood up!
With the lasso in his hands:
"Wow!" bull with the huge racks!
Here, we'll just cut them off!

NO NECESITO LICENCIA

Cuando escuchen mi canción
Se acordarán de su historia,
Se los digo de corazón
Nada más hagan memoria,

Un día primero de abril
A las dos de la mañana,
Llegué a este país
Procedente de Tijuana.

El año no se los digo
Por precaución en la aduana,
Vine hace como doce años
Y luego me regresé.

¡Ahora estoy viniendo
El camino ya lo sé!

La migra con sus aviones
Y con rayos infrarojos,
Pasé bajo sus narices
¡Y mero frente a sus ojos!

Y ahora me ando paseando
En mi carro nuevecito,
Ando de estado en estado
¡LICENCIA NO NECESITO!

NO LICENSE NEEDED!

When they hear my song
They'll remember their story
I tell it from the heart
No more than to make a memory,

One day on the first of April
At two o'clock in the morning,
I arrived in this country
Crossing over from Tijuana.

The year I won't tell you
For fear of the customs,
I came about twelve years ago
And soon I returned.

Now I'm coming
And I already know the way!

Immigration with their airplanes
And infrared rays,
I passed below their noses and
Right in front of their eyes!

And now I travel
In my nice new car
Going from state to state
NO LICENSE NEEDED!

¿QUIÉN SOY?

"¿De qué nacionalidad eres?"
Me pusieron a pensar...
Y cuando estes en aprietos
¿A quién le vas a rezar?

¡Con tantas ideas
Te quieren idiotizar!

Con eso del consumismo
Y la globalización...

Y luego el terrorismo.
¡Y dale con la canción!

Hay millones de seres
Viviendo en esta nación
Y te has preguntado:

¿Quién eres?
¡Te lo digo de corazón!
La vida se nos acaba
Y ni cuenta que nos damos
Y luego nos lamentamos
Por no habernos dado cuenta
Que perdimos la cuenta
Y nunca la aprovechamos.

Que nos estamos muriendo
Y que no nos conocimos
Que a nuestros propios hijos
Nunca los abrazamos.

"¿DE QUÉ NACIONALIDAD ERES?"
ME PUSIERON A PENSAR...

WHO AM I?

"What nationality are you?"
They made me think...
And when you're in a tight spot
To whom are you going to pray?

With so many ideas
They want to idiotize you!

What with consumerism
And globalization...

Then the terrorism,
Hit it with a song!

There are millions of people
Living in this nation
And have you asked yourself:

Who am I?
I'll tell you from the bottom of my heart!
Life comes to an end
And we don't even realize
Yet we lament
That we didn't notice
And lost track of time
And never took advantage of it!

That we are dying
But don't know ourselves
That our own children
We don't even hug.

WHAT NATIONALITY ARE YOU?
THEY MADE ME THINK...

MAMÁ CATA
(Post Mortem)

Son como lagunas
En mi mente nublada
Lleno de dudas
Abrazado a tu falda.

¡Yo solo era un niño!
No recuerdo nada,
Sólo aquel cariño
Que me prodigabas.

¡Madre sin ser madre!
Mi madre adorada
Tú me abrazaste
Y me consolabas.

¡Yo solo era un niño!
No recuerdo nada,
Solo los lunares
Que te pellizcaba.

Llegué de la escuela
No encontré ya nada,
Tú habías muerto
En la madrugada.

MOTHER KATE
(Post Mortem)

They are like lagoons
In my cloudy mind
Full of doubts
Clinging to your skirt.

I was only a boy!
I don't remember anything,
Only the affection
Which you lavished on me.

Mother without being a mother!
My adored mother
You hugged me
And consoled me.

I was only a boy!
I don't remember anything,
Only the moles
That bothered you.

I arrived from school
But didn't find anything,
You had died
In the wee hours of the morning.

MALDITO EL PRESIDENTE
Y TAMBIÉN LOS EMPRESARIOS

¡Maldito el presidente!
¡Y también los empresarios!
Pues los tengo muy presente
Toditos sus honorarios.

A toda esta nación
La tiene en la pobreza
No tienen corazón
Y nada les interesa.

¿Cómo hacen la tabulación
Estos gobernantes?
Si no tienen noción
¡Pues son unos ignorantes!

Lo hacen con premeditación
Y con alevosía
Se valen de la ocasión
Nos echan la policía.

Sus sueldos estratoféricos
Muestran la desigualdad
Es para estar colérico
Con tanta disparidad.

¡Maldito el presidente!
¡Y también los empresarios!
¡Y todos los gobernantes!
¡Por nuestros bajos salarios!

SHAME ON THE PRESIDENT
AND ALSO THE BUSINESSMEN

Shame on the President!
And also the businessmen!
I know very well
All their fees.

This whole nation
They have in poverty
They have no heart
And nothing interests them.

How do they add it all up
These governing people?
If they have no notion
Well, they're ignorant!

They do it with premeditation
And with malice aforethought
They use the occasion
To send the police after us.

Their incomes are astronomical
They display the inequality
It's enough to make you furious
With so much disparity.

Shame on the President!
And also on the businessmen!
And all the government!
For our low incomes!

AÑO 1,002,005

¡Año millón dos mil cinco
Y te sigo recordando!
Pasado, presente, y futuro
¡En mi mente van pasando!

Como si fuera ayer
¡Cien milenios han pasado!
Mi querer sin tu querer
¡Y te seguiré esperando!

Otros años pasarán:
Y seguiré reencarnando...
Las penas vienen y van
¡Y te seguiré esperando!

Del cielo eres mi estrella
De mi mente la ilusión
Del jardín la flor más bella
Que robó mi corazón.

Eres, fuiste, y serás
La dueña de mis amores
Tú a mí me amarás
Cuando de mí te enamores.

YEAR 1,002,005

Year one million two thousand five
And I still remember you!
Past, present and future
In my mind are passing!

As if it were yesterday
A hundred thousand millennia have past!
My love without your love
And I'll continue waiting!

Years will pass:
And I'll continue reliving...
The sorrows come and go
And I continue waiting!

From the sky you are my star
Of my mind the illusion
Of the garden the most beautiful flower
That stole my heart.

You are, were, and will be
The owner of my loves
You will love me
When you fall in love with me.

EL REY CRONOS

¡Oh maléfico rey!
Desde donde yo te miro
El tiempo para ti es ley
¡Y siempre has existido!

Pero al hombre a ti te creo
Aunque tú ya existías
Solo que no sabías
Hasta que alguien te contó

Más cuando la edad caduca
Quisieramos que te detengas
Pues la vida es la que educa
¡Cual larga vida que tengas!

Los segundos van pasando
Los minutos ya se van
Las horas nos están dejando
Los días vienen y van.

Así pasaron los años
Llegó un nuevo amanecer
La tarde está cayendo
Pronto va a anochecer.

EL REY CRONOS, página 2

Los árboles están llorando
Las nubes tapan la luna
Los grillos están cantando
Las ranas en la laguna.

Los perros están ladrando
Conforme va obscureciendo
¿Algún presagio es que tienen?
¡Algo están presintiendo!

La niña que conocí
Tiene el cabello plateado
Arrugas tiene en la frente
El cuerpo un poco encorvado.

Tiempo: ¡Por favor detente!
Porque se me está muriendo
El sol ya se ocultó
La noche sigue cayendo.

FATHER TIME

Oh evil king
From where I see you
Time for you is law
And you have always existed!

But man believed you
Even though you already existed
Only you didn't know
Until someone told you

More so when age catches up to us
We would like you to stop
Since life is what educates us
What a long life you have!

The seconds have gone
The minutes are going
The hours are leaving us behind
The days come and go.

So passed the years
A new dawn came
The sun is setting
Soon night will fall.

FATHER TIME, page 2

The trees are crying
The clouds cover the moon
The crickets are singing
The frogs in the lagoon.

The dogs are barking
As it gets darker
Do they have a premonition?
They know something's going to happen!

The girl that I knew
Has a head of silver
Wrinkles on the forehead
The body a little hunched.

Father Time: Please stop!
Because she's dying on me
The sun has set in the west
The night continues to fall.

MI PRIMER AMOR DE ESTUDIANTE

Primer amor de estudiante,
De estudiante y colegiala
Tú a mí me deslumbraste
Y yo contigo soñaba.

Tus ojos eran hermosos
Tu cuerpo ya se torneaba
Quería llenarte de besos
Tu cuerpo me transtornaba.

Primer amor de estudiante,
De estudiante y colegiala
Tú a mí me deslumbraste
Y yo contigo soñaba.

La foto que te di
En la copa la guardaste
Muy cerca del corazón
¡Contra ti me aprisionaste!

Primer amor de estudiante,
De estudiante y colegiala
Tú a mí me deslumbraste
Y yo contigo soñaba.

Recuerdo cuando dijiste
Aquí la voy a guardar
La foto que tú me diste
Para contigo soñar.

Primer amor de estudiante,
De estudiante y colegiala
Tú a mí me deslumbraste
Y yo contigo soñaba.

MY FIRST PUPPY LOVE

My first puppy love,
A fellow student and schoolgirl
You dazzled me
And I dreamt about you.

Your eyes were beautiful
Your body had already changed
I wanted to cover you with kisses
Your body turned me on.

My first puppy love,
A fellow student and schoolgirl
You dazzled me
And I dreamt about you.

The photo I gave you
You pressed against you,
Very close to your heart
You imprisoned me.

My first puppy love,
A fellow student and schoolgirl
You dazzled me
And I dreamt about you.

I remember when you said
Here is where I'm going to keep
The photo that you gave me
To keep you in my dreams.

My first puppy love,
A fellow student and schoolgirl
You dazzled me
And I dreamt about you.

AMORFO

Te amé hasta la apoteosis
No quería abjurar
Más tu amor era abstracto
Amorfo é irregular.

Nunca me quisiste en concreto
Eso lo podría jurar
No se necesita intelecto
Cuando se trata de amar.

AMORPHOUS

I loved you to the very end
I didn't want to renounce
Moreover your love was abstract
Amorphous and irregular.

You never truly loved me
That I could swear by
One doesn't need intellect
When it comes to love.

PRIMERA NOVIA QUERIDA

Yo no sé si te veré
Nuevamente en mi vida
¡Pero siempre te amaré!
¡Tú serás la más querida!

A la cita no llegaste,
Luego lo presentí
Creo que no me quisiste
¡Como yo te quiero a ti!

La carta que me mandaste
¡Nunca, jamás la abrí!
¡El corazón me rasgaste
Y por ti casi morí!

Los años pasaron...
¡Nunca! Jamás te busqué
Mi amor aprisionado
¡A nadie se lo entregué!

Primera novia querida
¡Nunca te olvidaré!
Tú serás mi consentida
¡Y por siempre te amaré!

MY FIRST LOVE

I don't know if I'll ever see you
Again in my life
But I'll always love you!
You will be most dear to me!

To our appointment you didn't arrive,
Soon I felt it
I believe you did not love me
The way I love you!

The letter that you sent me
Never, ever did I open it!
You tore my heart
And for you I almost died!

The years went by…
Never! Never did I search for you
My love locked inside
I didn't give it to anyone!

My first love
I'll never forget you!
You will have a special place in my heart
And forever I will love you!

ABSTRACTO

En profundo abismo me encontraba
¡Caí y me levanté!
En la penumbra mi mente divagaba
¡Caí y me arrastré!

Con un hilo de vida yo luchaba
¡Caí y me vi entre los gusanos!
En el mar tenebroso que cruzaba
Ellos y yo éramos hermanos

¡Me sacudí la tierra!
¡Con uñas, dientes, con mis manos!
Salí de aquella ratonera.
Mirando la luz del horizonte,

Icé las velas de mi barco,
Con una bandera que decía ¡Victoria!
Crucé el mar de mi fracaso
Crucé océanos sin mirar la tierra

Cuando desfallecido me encontraba
Te miré dulce y serena
Tomaste mis manos con ternura
¡Respiré tu perfume, tu hermosura!

ABSTRACT

I found myself in a profound abysm
I fell and I got myself up!
In the penumbra my mind rambled
I fell and I dragged myself!

Hanging on to life by a thread I struggled
I fell and I found myself in a pile of worms
In the gloomy sea that we were crossing
They and I were brothers

I dusted off the dirt!
With fingernails, teeth, with my hands!
I got out of that rat race.
Looking at the light on the horizon,

I hoisted the sails of my boat,
With a flag that said Victory!
I crossed the sea of my failure
I crossed oceans without seeing land

When I found myself fainting
I saw you sweet and serene
You took my hand tenderly
I had a whiff of your perfume, your beauty!

LORENA

Al revisar mi correo
Y ver que me contestaste
¡No pude dormir anoche!
¡Mi mente me trastornaste!

El sueño me fue robado
¡No pude dormir anoche!
Mi corazón desvelado
No tiene ningún reproche.

Pues: ¿Acaso ha llegado
La musa de mis desvelos?
Y con grandes anhelos
Por ti siempre he implorado.

¡No pude dormir anoche!
Pensando en tu figura
Imaginar tu hermosura
Aunque nunca te he mirado.

Lorena es el nombre
De la musa que he soñado.

LORENA

Upon looking at my mail
And seeing that you answered me
I couldn't sleep last night!
You drove me crazy!

Sleep was stolen from me
I couldn't sleep last night!
My heart was bereft of slumber
But I'm not blaming you.

So: By chance, has the muse of my
Revelations arrived?
And with great longing
For you I have always implored.

I couldn't sleep last night!
Thinking about your figure
Imagining your beauty
Even though I have never seen you.

Lorena is the name
Of the muse I have dreamt.

MI CORAZÓN ESTÁ TRISTE

Mi corazón está triste
Me siento apesadumbrado
Yo no sé qué te hice
Que no me has contestado.

Formé una ilusión
Que poco a poco ha crecido
Muy dentro del corazón
Que ya lo tengo partido.

Estoy solo en la penumbra
De un día que termino
Y así como el sol alumbra
La noche se obscureció.

MY HEART IS SAD

My heart is sad
I feel saddened
I don't know what I did to you
That you have not answered me.

I formed an illusion
That little by little has grown
So deep down in my heart
That now it's broken.

I am alone in the darkness
From a day that I am finishing
And as the sun lightens
The nightfall darkens.

RUBY

Hermosa mujer divina
Que no te acuerdas de mí
Tú sabes que me fascinas
Y quiero tenerte aquí.
Quisiera besar tu boca
Acariciarte con frenesí
Amarte con ansia loca
Para que no te olvides de mí.

RUBY

Beautiful woman divine
You don't remember me
You know I am fascinated by you
And I want to have you here.
I would love to kiss your lips
Caress you with passion
Love you like crazy
So you don't forget me.

MY CYBER GIRL

Entristecido está mi corazón
Pues nunca supe más de ti,
Todo fue una ilusión
Moriré sin conocerte a ti.
La tristeza entra en mi alma
Mi mente no tiene calma.
Deambulando sin sentido
Voy por el mundo
¡Con el corazón partido!
¿Estoy viviendo o muriendo?
¡Oh! Ya sé, ¡estoy enloqueciendo!
¡Quisiera saborear tus mieles!
¡Respirar tu perfume!
¡Pero eres el cyber, la máquina!
¡Un ser del futuro! ¡Un fantasma!

MY CYBER GIRL

My heart is saddened
Because I never heard from you again.
It was all an illusion
I'll die without knowing you
Sadness enters my soul
My mind is not calm.
Wandering without direction
I go through the world
With my heart broken!
Am I living or dying?
Oh! I know, I am going crazy!
I would like to savor your honey!
Breathe your perfume!
But you are the cyber, the machine!
A future being! A phantom!

POEMA
A
MARTHA CECILIA
QUINTERO DUCUARA

Flor del jardín inmaculada
Estrella del oriente esplendorosa
¡Reina de Reinas!
¡Mi Princesa mi Diosa!
¡Te amo te acaricio te beso!
Tu fragancia llega a la distancia
Me embriaga cual néctar
Elixir caprichoso
Tú eres la luz la energía
La que da sentido a mi existencia
La que da júbilo e impaciencia
La que da dicha y extravío
La que hace que llore de alegría
La que hace que muera de tristeza
Tú tienes la magia la belleza
En un segundo puedes transformarme
Mis penas las borras con una sonrisa
Tú eres la luz la energía...

POEM
FOR
MARTHA CECILIA
QUINTERO DUCUARA

Flower of the garden immaculate
Splendorous star of the orient
Queen of Queens!
My Princess, my Goddess!
I love you, I caress you, I kiss you,
Your fragrance wafts in the distance
I am intoxicated by that nectar
Elixir capricious
You are the light, the energy
That which gives meaning to my existence
That which gives jubilation and impatience
That which gives joy and loss
That which makes me cry from happiness
That which makes me die from sadness
You have the magic, the beauty
In a Second you can transform me
My sorrow you erase with your smile
You are the light, the energy...

TE ESCRIBIRÉ MIL POEMAS
TE CANTARÉ MIL CANCIONES

Te escribiré mil poemas
Te cantaré mil canciones
Con la sangre de mis venas
¡Reina de mis amores!

¡Te diré cuanto te amo!
Lo gritaré al mundo entero
Para que todos lo sepan
¡Lo mucho que a ti te quiero!

Para que Tú me comprendas
Que siempre te voy a amar
Te entregaré hasta mi vida
Si tú la quieres tomar

Y tomados de la mano
A la orilla del mar
Bajo la luna y estrellas
Nos dejaremos amar

En el ardiente verano
En el frio más glacial
Yo te pediré tu mano
¡Para el vals nupcial!

I WILL WRITE YOU A THOUSAND POEMS
I WILL SING YOU A THOUSAND SONGS

I will write you a thousand poems
I will sing you a thousand songs
With the blood of my veins
Queen of my loves!

I will tell you how much I love you!
I'll shout it to the entire world
So everyone knows it
How much I adore you!

For you to comprehend me
That I will always love you
I will give you even my life
If you want to take it

And hand in hand
By the side of the sea
Under the moon and stars
We will allow ourselves to love

In the heat of the summer
In the most glacial cold
I will ask for your hand
For the nuptial waltz!

FLORES PARA UNA ROSA

Enloquecido estoy desde que te conocí
Pues no soy dueño de mis actos...
¡Delirante estoy enloquecido!
Te amo más allá de la locura.
Quiero vivir contigo entrelazado
Embelesarme con toda tu Hermosa...
Acariciarte toda y besarte,
Respirar tu aroma tu tersura.
Beber del elixir de la vida
Te amo mujer dulce, atrevida,
Despertaste el amor en mi dormido
La pasión y la lujuria reprimida.
Contigo pasión y amor es solo una,
¡Llegar al éxtasis tocar el cielo!
Como la hembra y el macho en celo.
Yo te amo Rossy con extremura
Con pasión y con lujuria limpia y pura.
Solo sé que no verte es sufrimiento
¡Y ante Dios te digo que no miento!

FLOWERS FOR A ROSE

Crazy am I since I met you
I am not in control of my actions...
Deliriously I am crazy!
I love you more than the craziness.
I want to live with you intertwined
Embellish me with your beauty...
Caress you totally and kiss you,
Breathe your aroma your smoothness.
Drink of the elixir of life
I love you sweet woman, daring,
You woke up the love that was asleep in me
The passion and lust that was repressed
With you passion and love are only one,
Arrive at ecstasy, touch the sky!
Like the female and male in heat.
I love you Rosy with all my heart
With passion and lust clean and pure.
I only know that to not see you is to suffer
And before God I tell you I'm not lying!

ROSSY II

Después de recorrer la senda de la vida...
¿Quién diría? ¡Que desengaños!
No había encontrado el amor en mi vida
En el largo trayecto de los años...
Más apareciste Tú en mi camino
No sé si fue Dios o el destino,
Pero trajiste dicha a mi existencia
Cuando estaba triste y abatido.
Nos miramos con mucha complacencia
Cuando apenas nos habíamos conocido.
¿Amor a primera vista? ¡Sí fue amor!
Te amé y Tú amaste a un desconocido.
Dos cuerpos se fundieron dos almas se entregaron
Pleitesía al amor rindieron
Dos corazones por demás enamorados,
Al cielo dos almas tocaron su grandeza
¡No hay palabras para describir tanta belleza!
Amor de otoño en primavera siendo verano...
Rossy, ¡Tú sabes cuánto te amo!

ROSY II

After travelling over the path of life...
Who would have thought? Such disappointment!
I had not found the love of my life
Over the course of the years...
Suddenly you appeared in my path
I don't know if it was God or destiny,
But you brought joy to my existence
When I was sad and battered.
We looked at each other with much pleasure
When we first met.
Love at first sight? Yes, it was love!
I loved you and You loved an unknown person
Two bodies forged into one,
Two souls given to each other
They paid homage to love
Two hearts totally fell in love
In heaven two souls touched their grandeur
No words can describe such beauty!
Love of the autumn in spring being summer...
Rosy, you know how much I love you!